Capítulo V
El Cinturón de Hierro hoy
Un paseo por el Cinturón
Un reportaje de Óscar González López con Aitor Miñambres y Gorka Abrisketa

▲
Nido de ametralladora en Areneburu (Berango).

Nido de ametralladora de Areneburu ▶
(defendiendo Berango). Son visibles
las varillas de hierro de su armazón.

Pequeño nido de ametralladora en
Areneburu (Sopelana).
▼

▲
Abrigo para tropa, construido en mampostería
y hormigón armado, en Areneburu (Sopelana)

◄ Conjunto fortificado en Urko (Sopelana).

▼

◄ Muros aspillerados y nido de ametralladora de conjunto fortificado en Urko (Sopelana).

▼

Loba Goikoa (Gamiz-Fika)

▲
Nidos de ametralladora en el paraje conocido como Loba Goikoa, en Gamiz.
▼

◄ Las posiciones de Loba-Goikoa fueron duramente bombardeadas el 12 de junio de 1937, como atestigua este cráter aún presente junto a los nidos de ametralladora.

Gaztelumendi (Larrabetzu/Larrabezúa)

▲
Vista de los montes Urkulu y Bizkargi (situados al fondo, enfrente y a la derecha) desde las alturas de Gaztelumendi.

▲
◄ Nido de ametralladora en la cima de Gaztelumendi. Sin duda, uno de los elementos del Cinturón de Hierro mejor conservados.

▲ Nido de ametralladora cercano a la cima de Gaztelumendi, con la típica «visera» característica de estas construcciones en el Cinturón de Hierro.

◄ Impacto directo de artillería en la cubierta del nido de ametralladora anterior.

Gaztelumendi (Larrabetzu): sector del ataque de las Brigadas de Navarra y resto de nido de ametralladora en construcción en junio de 1937. ►

Colinas de Fika defendidas ► por los batallones vascos, vistas desde Gaztelumendi.

Bolunburu (Larrabetzu-Larrabezúa)

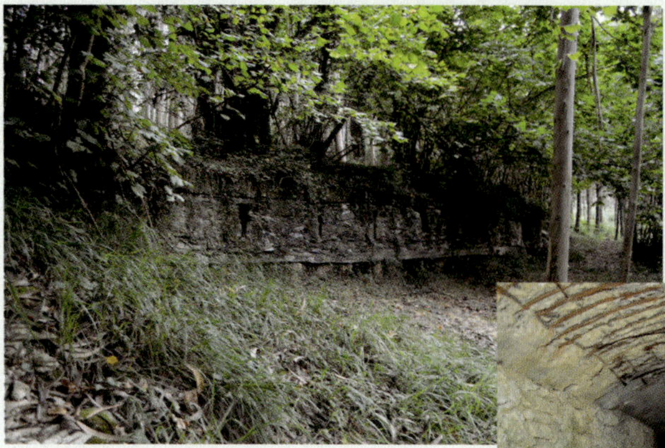

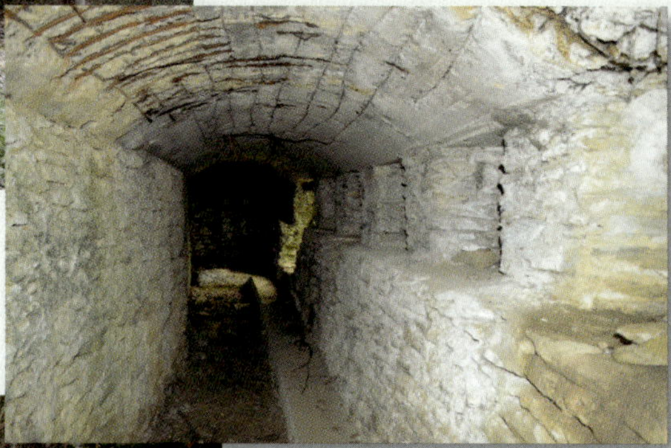

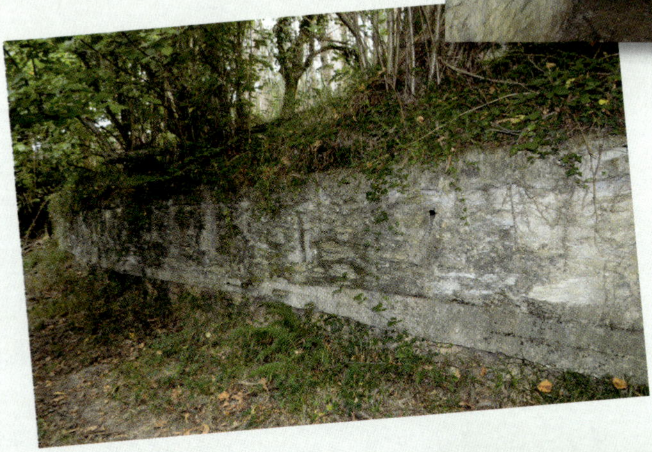

Conjunto fortificado en Bolunburu (Larrabetzu). Obsérvese el muro aspillerado cubierto.

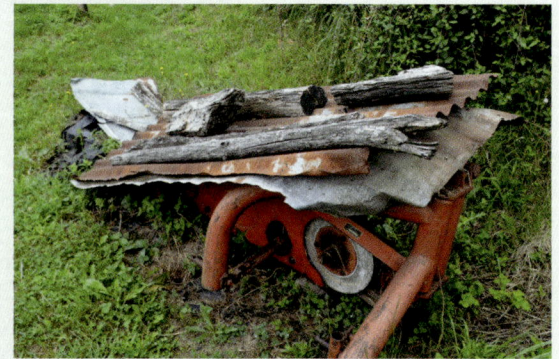

Todavía es posible encontrar la chapa de zinc con la que se dotaba a las cubiertas de las fortificaciones del Cinturón de Hierro. Estas han sido aprovechadas por lugareños en Bolunburu (Larrabetzu).

Larrabetzu/Larrabezúa

Caserío Pikene, en el barrio de Sarrikola, en Larrabetzu. El nido de ametralladora incorporado en su fachada le convierte en un ejemplo único de la presencia de elementos fortificados en una vivienda civil.

Muro defensivo aspillerado del caserío Pikene, en Larrabetzu. La defensa de la cercana carretera era esencial para proteger el pueblo.

Muro aspillerado integrado en la pared de una serrería en el casco urbano de Larrabetzu.

Restos de un muro defensivo aspillerado en el interior de una vivienda particular de Larrabetzu.

El casco urbano de Larrabetzu guarda curiosos vestigios de la Guerra Civil, como este muro defensivo situado actualmente entre dos viviendas particulares.

Galdakao/Galdácano

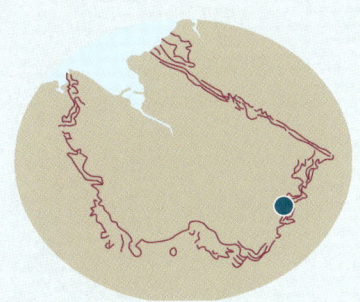

Nido de ametralladora en el término de Galdakao, en dirección a Artxanda. Su diseño incluye una plataforma para emplazar la ametralladora, un espacio para los servidores de la misma, así como un refugio para ellos y para almacenar munición, situado debajo de la ubicación del arma o en su lateral, a mayor profundidad. La cubierta ha sido desmantelada.

◀ Trincheras en Galdakao, en la subida a Artxanda.

◀ Trincheras en Galdakao, en la subida a Artxanda.

◀ Trinchera cubierta y aspillerada en Galdakao, en la subida a Artxanda. Ese tipo de posiciones no era muy frecuente. En algunos casos se cubría con troncos de pino, apoyados en otros emplazados sobre el parapeto, rellenando esta cobertura con capas de tierra de hasta 30 cm de espesor.

Ugao-Miraballes y Arrankudiaga

La denominación de los diferentes elementos localizados en los sectores de Ugao-Miraballes, Arrankudiaga, Laudio, Güeñes, Galdames y Zierbena sigue la nomenclatura empleada en la Resolución de 3 de octubre de 2017 del Viceconsejero de Cultura (BOPV, 11 de octubre de 2017) y el Decreto 195/2018, de 26 de diciembre (BOPV, 8 de enero de 2019), disposiciones oficiales del Departamento de Cultura y Política Lingüística del Gobierno Vasco, relativas a la categorización como Conjunto Monumental del Cinturón de Hierro y defensas de Bilbao (Álava y Bizkaia).

Conjunto fortificado de Usila (UGAF06), en Ugao-Miraballes. La posición cubría la carretera a Vitoria.

Fortín de Usila en 1937 (Foto Indalecio Ojanguren).

Conjunto fortificado de Beretxa (UGAF05), en Ugao-Miraballes. Las posiciones que encuentran en este sector son amplias, bien construidas con hormigón y dotadas de troneras para varios tiradores.

Primer conjunto fortificado presente en Iturrigorrialde (UGAF03), en Ugao-Miraballes.

◄ Segundo conjunto fortificado de Iturrigorrialde (UGAF04), en Ugao-Miraballes.

Asentamiento para ametralladora ▶ en Albitzarri (ARRF07), Arrankudiaga.

◀ Asentamiento para ametralladora en las cercanías de la Ermita de Madalena, en Arrankudiaga. Se trata de una posición muy oculta entre la vegetación y cuyos restos son difícilmente identificables.

Arrakundiaga, Madalena

Ugao-Miraballes

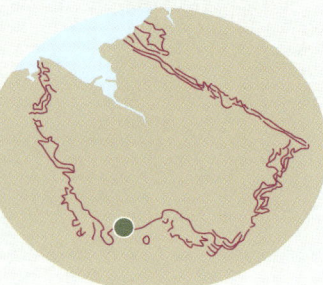

Muro de mampostería en Aretxiger (LLOF04).

Restos de un nido o asentamiento para ametralladora en Aretxiger (LLOF05). La cubierta ha sido desmantelada.

Asentamiento para ametralladora cercano al anterior, también en Aretxiger (LLOF06)

◄ Impresionante vista del asentamiento para ametralladora LLOF07 desde el LLOF06. La reciente tala del arbolado que cubría las laderas permite tener una magnífica referencia visual de los restos presentes en este sector.

Tercer asentamiento para ametralladora ▶ presente en la zona, en este caso en Kamaraka (LLOF07). Vista desde el exterior y desde el interior. La cubierta ha sido reconstruida recientemente.
▼

Restos del cuarto nido o asen- ▶ tamiento para ametralladora de Kamaraka, en este caso el LLOF08.

◀ Fotografía de uno de los muchos abrigos del sector de Kamaraka.

En la cima de Goigokana (702 m), en el término municipal de Arrankudiaga, encontramos los restos de este asentamiento para ametralladora (ARRF03). ▶

◀ Aún son visibles las trincheras que se situaban en las laderas del Goikogana.

La vista desde las trincheras y posiciones de Goikogana es impresionante. La autopista AP-68 y su peaje de Areta son visibles. ▶

Kamaraka, abrigos

Goikogana

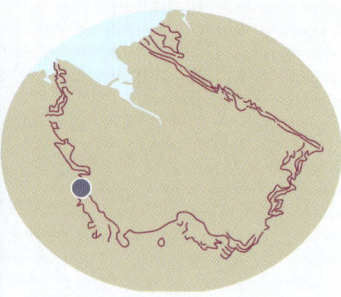

▲
Galdames, Arbori, nido
de ametralladora
(GDMF07).

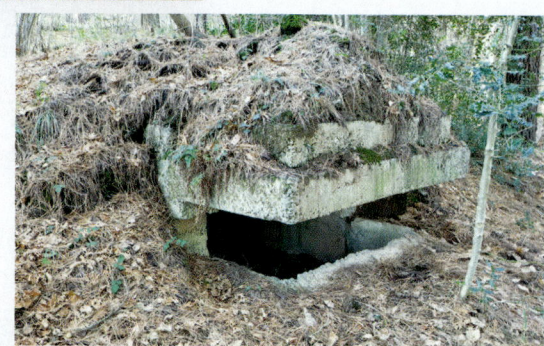

▲
Nido de ametralladora de Arbori. En
este caso, en el término municipal de
Güeñes (GUEF01).
▼

◀ Trincheras en Arbori, camino hacia Goldebano, en la zona de Güeñes (GUEF02).

Nido de ametralladora en la ▶ zona denominada Goldebano. Es uno (GUEF02) de los dos nidos presentes en este paraje.

▼

La inscripción del nido ▶ GUEF02 proporciona la fecha en la que fue construido (Marzo 1937). Una intrigante «W», abreviación de *evviva* o *viva* (*viva* en italiano), también aparece grabada en el hormigón, aunque ninguna unidad italiana se situaba en este sector en el momento de la caída del Cinturón.

◀ Segundo nido de ametralladora en Goldebano (GUEF04).

▼

◀ Vista del primer nido de ametralladora de Goldebano (GUEF02), señalado en rojo, desde el segundo (GUEF04). La entrada a un abrigo en galería de mina (GEUF03), excavado en la ladera y en gran parte oculto por la maleza, es otro elemento señalado en el mapa de esta zona.

GUEF02
Nido de ametralladora

◀ Trincheras en la cima del monte Luxar (539 m), defendiendo Galdames.

▼

◀ Primer asentamiento para ametralladora de Taramona (GUEF05).

▲

◀ Segundo asentamiento para ametralladora de Taramona (GUEF06) (vista del interior y del exterior).

Güeñes

Zierbena/Ciérvana

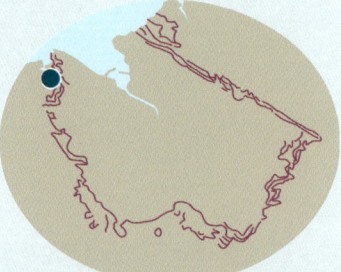

▲

Vista en 1937 y en la actualidad de la zona donde se emplazaban los obuses Ordóñez en Punta Lucero. Al fondo, el puerto de Santurtzi (Santurce).

▼

▲

Restos del emplazamiento de seis obuses Ordóñez de 24 cm, en Punta Lucero, Barrio de La Cuesta (Zierbena). La foto en blanco y negro es de verano de 1937, tras su captura por los nacionales. Esta batería estaba protegida por el Cinturón de Hierro.

Refugio para personal y dirección de tiro en Punta Lucero, Barrio de La Cuesta (Zierbena). En el estrecho paso entre ambas posiciones encontramos una inscripción: «(?) ◄ Martínez».

◀ Los depósitos de Campsa arden tras ser alcanzados por los disparos del Velasco.

Puerto de Santurtzi ▶ (Santurce). En rojo, la zona donde se emplazaban los depósitos de Campsa bombardeados por el destructor Velasco el 18 de agosto de 1936.

Depósitos CAMPSA (nuevos). En 1936 estaban más abajo.

◀ Asentamiento para ametralladora (ZIEF08) en El Vivero (Zierbena). La maleza dificulta la observación de esta posición.

Los dos asentamientos ▶ para ametralladora (ZIEF08 y ZIEF09), distantes pocos metros uno de otro, son apenas visibles.

ZIEF08

ZIEF09

Indudablemente, el asentamiento para ametralladora mejor conservado de El Vivero es el ZIEF04, con una impresionante visa sobre la playa de La Arena.

Abrigo en galería de mina (ZIEF03) ▶ de El Vivero.

◀ Aún son visibles las trincheras en El Vivero, en la denominada *Área protegida de Punta Lucero*.

Abrigo activo (ZIEF02) en El Vivero. ▶ Esta construcción, dotada de troneras y que data de la Tercera Guerra Carlista (1872-1876), fue reutilizada más de 60 años después.

▲

Restos del avión Fiat CR.32 NC 208/ 3-2, de la 26ª Escuadrilla del XVI Gruppo Caccia de la Aviación Legionaria Italiana, pilotado por Guido Presel, alias Sammartano. Civiles y milicianos rodean el aparato y el cadáver del piloto. Este as italiano murió el 5 de junio de 1937 al ser derribado en la playa de La Arena por el Polikarpov I-15 pilotado por el teniente Rafael Magriñá Vidal, nacido en 1914. Las fotos en color muestran el lugar del derribo en la actualidad.

▼

◄ Guido Presel (1913-1937) consiguió 12 derribos (más otros dos sin confirmar) durante su actuación en la guerra de España, antes de morir derribado por el teniente Magriñá. Este piloto republicano se encargó de que el italiano recibiese honrosa sepultura en el cementerio de San Juan de Somorrostro (San Juan de Musques). Magriñá cayó en combate, derribado por el brigada alemán Peter Boddem, cerca de Santander, pocas semanas más tarde, el 17 de agosto. En su último vuelo, llevaba alrededor de su cuello el pañuelo de Presel.

Antes de ser derribado, Presel participó en el ataque al aeródromo de Somorrostro. Su unidad destruyó en tierra seis aviones Polikarpov I-15, pertenecientes a la Escuadrilla Baquedano. Veinte minutos después de iniciado el ataque, los italianos fueron sorprendidos por el avión del teniente Magriñá. La refinería de Petronor ocupa en la actualidad el lugar donde se emplazaba entonces el aeródromo republicano.
▼

Aeródromo

Visa de la refinería Petronor ▶ (antiguo aeródromo de Somorrostro) desde el Montaño (319 m). En este monte se situaban abrigos pasivos, totalmente cubiertos por la vegetación en la actualidad.

◀ Restos de un muro defensivo junto a la carretera general Bilbao-Santander, a la entrada de San Juan de Musques (Muskiz). Al fondo, el monte Montaño.

Punta Lucero desde Montaño. ▶

◀ Vista de la playa de La Arena y de la ría del Barbadún desde Montaño. Al fondo a la izquierda es visible Castro Urdiales. A la derecha, Punta Lucero.

Zierbena. El Vivero

ZIEF02

ZIEF04
ZIEF03

ZIEF08

ZIEF09

N

100 m

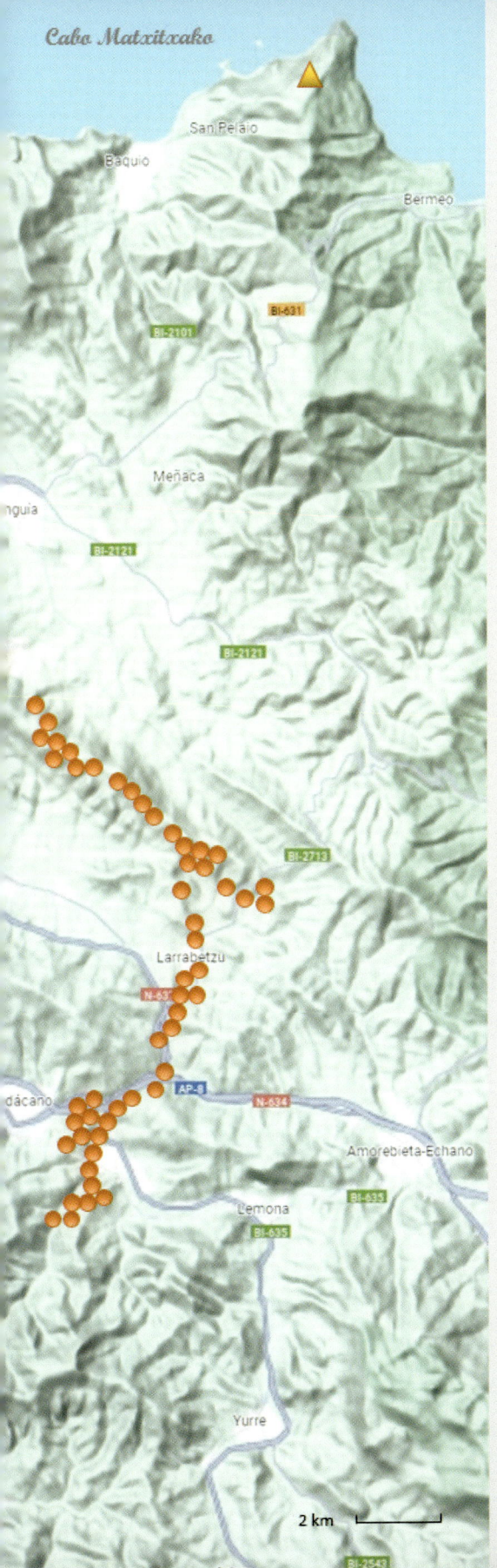

Cabo Matxitxako

Las defensas de Bilbao en la actualidad

Actualmente, trascurridos casi 90 años desde su construcción, se conserva una cantidad importante de elementos defensivos en torno a Bilbao, tales como nidos de ametralladora, abrigos activos, conjuntos fortificados, refugios en galería de mina, muros aspillerados, observatorios, puestos de mando y muchos kilómetros de trinchera.

Algunos de estos vestigios permanecen en buen estado, mientras que la mayoría ha sufrido los efectos de la guerra, la demolición, la transformación del terreno y la erosión por el paso del tiempo.

Es significativa la demolición sistemática de estas construcciones a finales de los años 40 del siglo XX con el fin de recuperar el hierro del hormigón armado. Esta labor se realizaba empleando dinamita y solo algunas fortificaciones, de difícil localización para los desmanteladores, se salvaron de quedar parcial o totalmente destruidas. La misma suerte sufrieron las fortificaciones cercanas a núcleos urbanos, desapareciendo al expandirse éstos o bajo el cemento de infraestructuras viarias o similares.

El 26 de diciembre de 2018, el Gobierno vasco, mediante el Decreto 195/2018 calificó como Bien Cultural, con la categoría de Conjunto Monumental, el Cinturón de Hierro y las defensas de Bilbao. Ello ha permitido la protección de los casi 360 vestigios inventariados y catalogados, así como la puesta en valor de muchos de ellos que actualmente pueden visitarse.

Estas construcciones se encuentran en los municipios de Abanto Zierbena, Arrankudiaga, Arrigorriaga, Barrika, Berango, Bilbao, Derio, Erandio, Galdakao, Galdames, Gamiz-Fika, Gatika, Getxo, Gordexola, Güeñes, Larrabetzu, Laukiz, Lemoiz, Lezama, Llodio, Loiu, Maruri-Jatabe, Mungia, Muskiz, Okondo, Sondika, Sopela, Ugao-Miraballes, Urduliz, Zamudio, Zaratamo, Zeberio y Zierbena.

Cinturón Defensivo de Bilbao
Cinturón de Hierro

Refuerzo Este del Cinturón Defensivo
Línea Inglesa

Cinturón inmediato de Bilbao
Cinturón de la Muerte

Baterías de costa

2 km

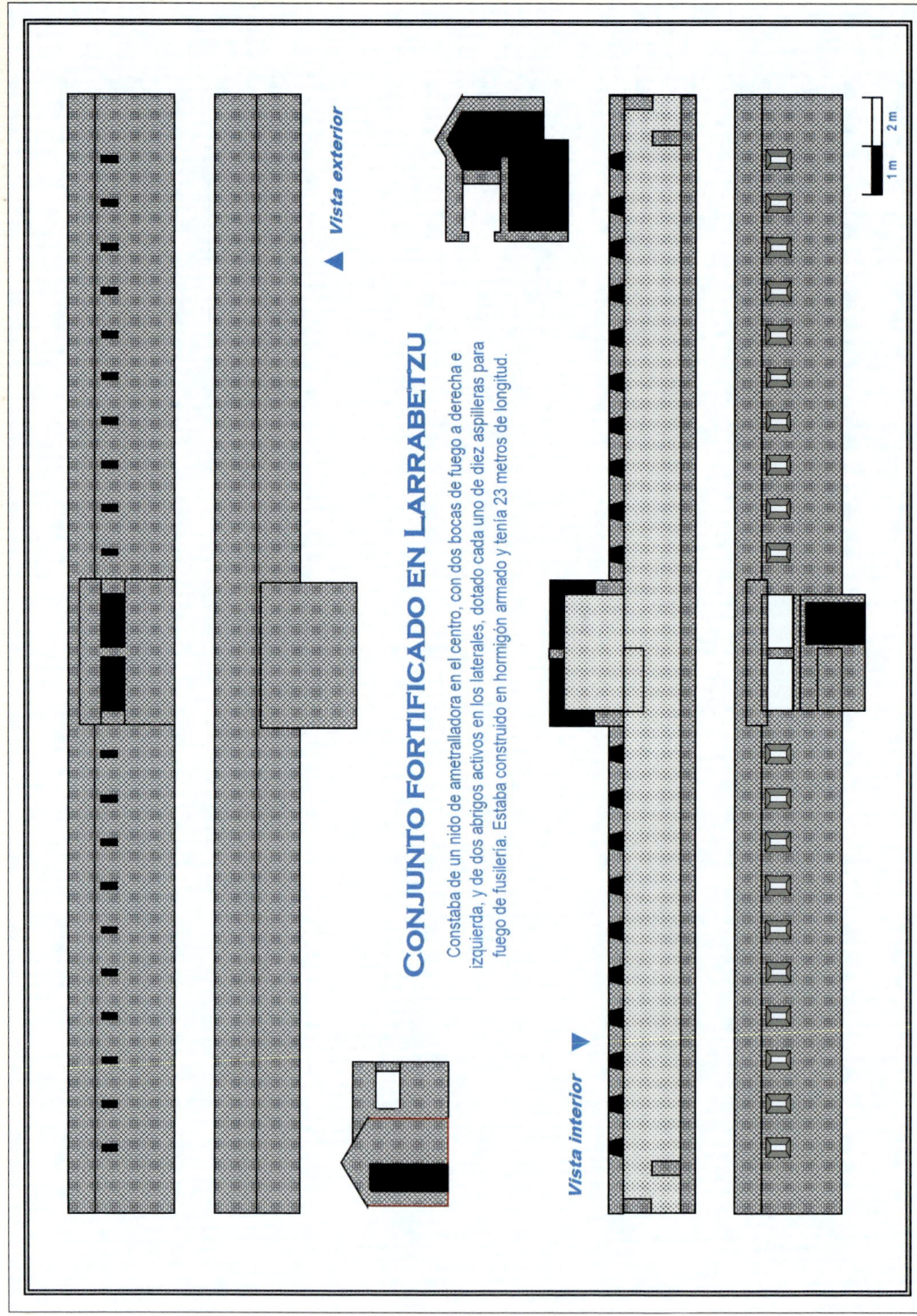

CONJUNTO FORTIFICADO EN LARRABETZU

Constaba de un nido de ametralladora en el centro, con dos bocas de fuego a derecha e izquierda, y de dos abrigos activos en los laterales, dotado cada uno de diez aspilleras para fuego de fusilería. Estaba construido en hormigón armado y tenía 23 metros de longitud.

Vista exterior ▲

Vista interior ▼

1 m   2 m

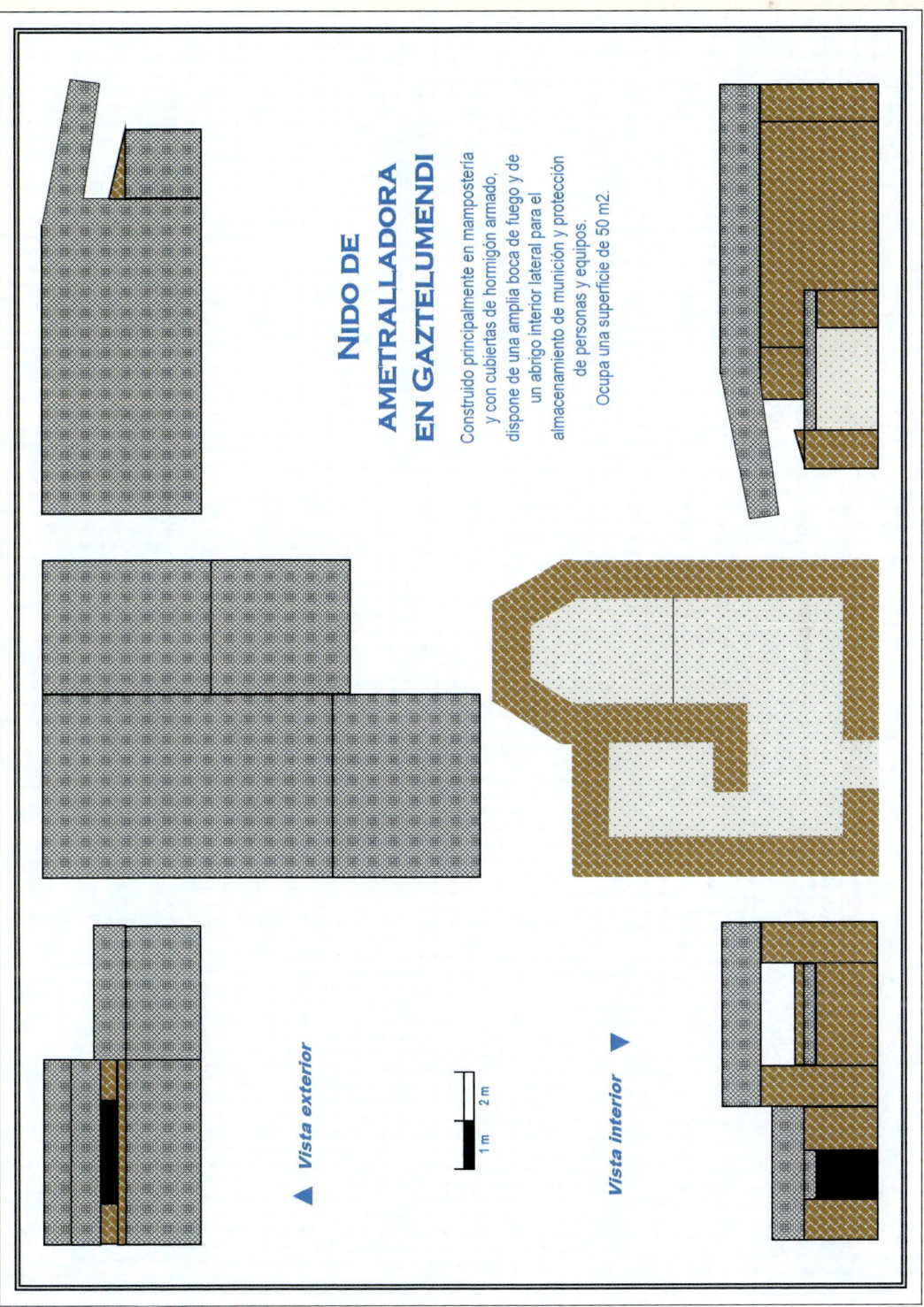

Nido de
AMETRALLADORA
EN GAZTELUMENDI

Construido principalmente en mampostería y con cubiertas de hormigón armado, dispone de una amplia boca de fuego y de un abrigo interior lateral para el almacenamiento de munición y protección de personas y equipos.
Ocupa una superficie de 50 m2.

▲ *Vista exterior*

1m 2m

Vista interior ▼

Agurra (La despedida), conjunto escultórico de gran belleza que recibe a los visitantes.

Museo Memorial del Cinturón de Hierro

Situado en Berango, a poca distancia de la mítica línea defensiva que erigiera el Gobierno de Euzkadi en 1936-1937, el Museo Memorial del Cinturón de Hierro relata, a través de una escenografía clara y moderna, cómo y por qué fue construida, las características de sus fortificaciones y su conquista por las tropas franquistas: 48 horas de intensos combates que decidieron la batalla por Bilbao.

El centro sumerge al visitante en la historia del Cinturón de Hierro con paneles, displays y vitrinas temáticas que cubren aspectos como el equipo, el armamento y el modo de vida de los hombres y mujeres que hicieron posible la mayor fortificación de la historia de Vizcaya.

Más de 250 objetos de época acompañan al relato, haciendo de este centro uno de los principales referentes museísticos de la Guerra Civil Española

Capítulo VI

Los protagonistas

ALBERTO MONTAUD NOGUEROL

Alberto Montaud Noguerol nació en Madrid el 22 de noviembre de 1888, hijo de Albert, comerciante francés de sedas, y de Celia, hermana del general de brigada Gustavo Noguerol, los cuales tuvieron tres hijos varones: Gustavo, Alberto y Raúl.

Alberto ingresó en la Academia Militar de Ingenieros de Guadalajara, donde se graduó el 25 de junio de 1913 como teniente del arma de Ingenieros. Posteriormente ejerció su profesión militar en diversos destinos, muchos de ellos destacados. También se diplomó en Estado Mayor en la Escuela Superior de Guerra, obteniendo además la validación como ingeniero geógrafo.

Así, prestó servicio en la Comandancia de Ingenieros de Melilla, donde realizó obras de comunicaciones, aguas y saneamiento, estuvo destinado en el Centro Electrotécnico y de Comunicaciones de la Comisión de Experiencias del Material de Ingenieros, y sirvió en el Estado Mayor Central del Ministerio de la Guerra, en Madrid. Posteriormente, en 1925 fue nombrado profesor de la Academia de Ingenieros, y, finalmente, profesor de Fortificaciones en la Escuela Superior de Guerra, alcanzando el grado de comandante.

Hombre apolítico «*apartado de toda ideología*», con ocasión del golpe de estado del 18 de julio de 1936, Alberto Montaud se mantuvo leal al Gobierno de la República.

Alberto Montaud en un retrato de tiempo de paz.

Era época estival y, ante la falta de militares profesionales en Guipúzcoa que pudieran ponerse al frente de las milicias, el comandante Montaud fue enviado a San Sebastián, a donde llegó el 28 de julio, cuando la sublevación de la guarnición del cuartel de

Loyola ya había sido sofocada. Aunque llegó con la orden de hacerse cargo del Estado Mayor de las fuerzas republicanas, no pudo hacerlo, al haber sido herido y hecho prisionero el jefe militar de las mismas, el comandante de Estado Mayor Augusto Pérez Garmendia, que moriría días después. Así, accidentalmente, a Montaud le tocó llevar a cabo la dirección de la guerra en Guipúzcoa, hasta que el 4 de agosto llegó en avioneta, también procedente de Madrid, el comandante de Caballería Antonio Sanjuán, quien asumió el mando militar de la provincia. Este, describió a Montaud como:

> ... muy culto y extraordinariamente inteligente. Como estaba solo, se alegró mucho de mi llegada, por tener un compañero a su lado. (…) supo con habilidad captar la confianza de las gentes. Trabajó mucho con inteligencia y acierto.

Perdida Guipúzcoa, a comienzos de octubre de 1936 Montaud, en calidad de Jefe de Estado Mayor y de experto en fortificaciones, recibió la orden de organizar la defensa de Vizcaya y de proyectar la construcción de un cinturón defensivo alrededor de Bilbao que protegiera a la ciudad en caso de proximidad del ejército atacante. Así, se puso manos a la obra, definió qué tipo de fortificación era la más adecuada para aquellas circunstancias y puso al frente de las obras a los capitanes de Ingenieros Goicoechea y Murga.

Creado el Gobierno autónomo vasco, el 7 de octubre, Montaud quedó bajo las órdenes de la Consejería de Defensa, encabezada por el presidente Aguirre, quien le ratificó el 6 de noviembre de 1936 como Jefe del Estado Mayor del Cuerpo de Ejército de Euzkadi. Aguirre consideraba a Montaud un hombre *«de carácter duro, pero de preparación y cultura no ya militar sino universal, muy superior sin posible comparación a todos los demás elementos militares de los cuadros del Norte»*, ascendiéndole a teniente coronel por su *«lealtad y adhesión al Régimen»* el 4 de febrero de 1937, junto a otros militares profesionales.

Mientras tanto, la ofensiva sobre Álava, lanzada el 30 de noviembre para aliviar el frente madrileño, había consumido a las bisoñas tropas vascas aún no preparadas como ejército de operaciones. Así, el frente volvió a la calma hasta el comienzo de la ofensiva del general Mola, iniciada el 31 de marzo de 1937 para liquidar el Frente Norte comenzando por Vizcaya. Para entonces, los desencuentros entre Aguirre y el general Llano de la Encomienda, jefe del Ejército del Norte, eran habituales, imperando la desconfianza mutua. Aguirre, como presidente, reunió el 5 de mayo a su gobierno pluripartidista, el cual acordó que asumiera él, como consejero de Defensa, el mando militar del Ejército vasco hasta que desde el Gobierno central le enviasen otro general para sus tropas. Para ello, el 9 de mayo de 1937, Aguirre cesó a Montaud en el cargo de Jefe del Estado Mayor y le nombró Asesor Técnico Militar suyo.

El lehendakari Aguirre, en diciembre de 1936, siguiendo las operaciones de la ofensiva sobre Álava, rodeado de sus mandos militares. A la derecha, de perfil y con gorra de plato, el comandante Montaud (Archivo Histórico de Euskadi).

Esto, en vez de agasajarle, contrarió al teniente coronel, quien, aunque tal vez no lo exteriorizó, no lo recibió con agrado.

En lo referente a las fortificaciones, y dada la relevancia cada vez más grande que estas adquirían, con esa misma fecha, 9 de mayo, Aguirre nombró a Montaud Inspector de Fortificaciones, con las máximas atribuciones, cargo que el interesado rechazó. Ello no impidió que Aguirre nuevamente se dirigiera a él, dos días más tarde, pidiéndole un informe de ocupación y defensa del Cinturón de Bilbao, para poder situar a las tropas en línea en caso de que el enemigo se acercase peligrosamente a Bilbao. Montaud correspondió a la orden con sendos informes detallados, dos días después, el 13 de mayo. Posteriormente, el día 26, Montaud recibió un nuevo nombramiento, esta vez de representante directo del propio Aguirre en las fortificaciones y jefe superior del personal de las mismas.

Finalmente, el 29 de mayo llegó el general Mariano Gamir Ulibarri, quien tomó el mando de las fuerzas vascas para la defensa, volviendo Aguirre a sus cometidos políticos y continuando Montaud como Jefe de Fortificaciones. Sin embargo, en un momento en que la propaganda se empleaba a fondo en pedir fortificar y resistir, Montaud se mostraba pesimista, lo que no pasaba desapercibido a otros militares, como el capitán Ciutat, quien dijo de él que «*trabajó muy bien, honradamente, pero sin ningún entusiasmo en la victoria*». Tal fue el caso cuando, tras la rotura del Cinturón, Aguirre reunió a su personal de confianza el 13 de junio, para pedir su opinión sobre cómo obrar en la defensa de Bilbao. Entre los asistentes estaba Montaud, quien terminó diciendo que «*se defenderá Bilbao el tiempo que el enemigo quiera*»[53].

53.- UPV. Archivo Ruiz de Aguirre, Fondo Comandante C. Gerrika-Etxebarria, Cp.28, Exp.1. Loc. cit.

Finalmente, tras la caída de la ciudad en manos del Ejército nacional, Montaud acompañó al presidente Aguirre hasta Trucíos y, allí, este le encomendó la misión de viajar a Francia de manera discreta para participar en la organización de una posible evacuación de todo el Ejército vasco por mar, en base a un improbable visto bueno por parte la República. Así, Montaud salió de Santander el 29 de junio, lo que hizo pensar a muchos que había desertado, sin ser cierto, si bien una vez no prosperó el proyecto de Aguirre, Montaud se quedó en Francia y no volvió a España, a pesar de que la guerra continuó hasta 1939. Debido a esto, el Diario Oficial del Ministerio de Defensa publicó, el 14 de agosto de 1937, que Montaud, revelando:

> una evidente falta de adhesión al régimen, causará baja definitiva en el arma al que pertenece, con pérdida de empleo, sueldo (…), etc.

Montaud definió su experiencia de guerra como

> … los peores días de mi vida (…) dormidos recuerdos amargos», deseando «borrar toda esa lamentable historia, olvidar cada día lo más posible, y perder la pesadumbre de aquellos nefastos días que siento infinitamente haber vivido[54].

Fijó su residencia en París y tanto él como su hermano Gustavo –también militar de carrera leal a la República y exiliado– se plantearon salir hacia Venezuela, lugar donde iniciar una nueva vida trabajando como ingenieros, para lo cual el propio presidente Aguirre se prestó a intervenir en febrero de 1939:

> Este Sr. que durante toda la guerra tuvo una actuación magnífica y un comportamiento inmejorable, me pide una recomendación (…) con el fin de que rápidamente se le conceda una autorización para trasladarse a aquella república (…) advirtiéndole que se trata de una persona intachable y con una gran capacidad como ingeniero[55].

Alberto Montaud residió durante 25 años en Venezuela, hasta que, finalmente, sabiendo que su causa estaba prescrita, volvió a España a mediados de los años 60, vendió algunas propiedades familiares de Venta del Moro –Valencia– y volvió a Madrid, donde algunas fuentes apuntan que falleció en 1969.

54.- UPV, Archivo Ruiz de Aguirre, Fondo Comandante C. Gerrika-Etxebarria, Cp.28, Exp.2. *Reproducción de una carta remitida por el teniente coronel Montaud a Casiano Guerrica-Echevarría.*

55.- AHE, Fondo Gobierno vasco Presidencia, Secretaría General, 22.4 (12), 410.2, 22/2

ALEJANDRO GOICOECHEA OMAR

Alejandro Goicoechea nació en Elorrio (Vizcaya) el 23 de marzo de 1895, en el seno de una familia numerosa acomodada. Su padre, José María, farmacéutico de la localidad, y su madre, María, tuvieron seis hijos: José María, María Ángeles, Ignacio, Manuel, Ángel y Alejandro.

Alejandro cursó sus estudios en el colegio de los Jesuitas de Orduña, tras lo cual, según consta en su hoja de servicios del Ejército[56], el 1 de septiembre de 1912, con 17 años, ingresó en la Academia Militar de Ingenieros de Guadalajara, donde se graduó el 23 de junio de 1918 como teniente del arma de Ingenieros. Comenzó a ejercer su profesión en el Primer Regimiento de Ferrocarriles, en la localidad madrileña de Cuatro Vientos, donde permaneció un año y medio con diversos cometidos, incluido el de profesor. Posteriormente fue enviado a África, a Marruecos, donde durante los años siguientes prestó servicio en la Comandancia de Ingenieros de Larache, alternándolo con cortos periodos en el Primer Regimiento de Zapadores Minadores de San Sebastián, ascendiendo a capitán el 11 de julio de 1921. En la campaña rifeña realizó diversos trabajos de fortificación de posiciones y de montaje de blocaos, en

Alejandro Goicoechea –segundo por la izquierda– en una imagen de 1970, junto a técnicos ferroviarios franceses en Santa Cruz de Campezo, durante las pruebas del Tren Vertebrado (El Correo).

56.- Cuerpo de Ingenieros del Ejército. Expediente cerrado el 26-05-1929

ocasiones bajo fuego enemigo. Ello le hizo acreedor de la Cruz de primera clase del Mérito Militar con distintivo rojo y de la Medalla Militar de Marruecos en octubre de 1922, así como de la Cruz del Mérito Militar con distintivo rojo en julio de 1923.

También en julio de 1923 contrajo matrimonio con Ana Rosario Peña Orellana y, desde entonces, figuró como supernumerario sin sueldo en el Ejército, hasta su baja definitiva en marzo de 1929, casi seis años después.

Dado su gran interés, vocación y especialidad en el ámbito ferroviario, Goicoechea, durante su periodo de inactividad militar y en los años siguientes, trabajó en la Compañía de Ferrocarriles de La Robla, ocupando el cargo de jefe de los Servicios de Material, Tracción y Talleres hasta el inicio de la Guerra Civil. Su interés en conseguir aligerar los vagones de los trenes de mercancías, para ganar velocidad y reducir el consumo, le llevó a patentar en 1927 un sistema de construcción de vagones ferroviarios por soldadura eléctrica y, posteriormente, a producirlos para La Robla en Balmaseda.

El inicio de la guerra, el 18 de julio de 1936, interrumpió la línea de trabajo de Goicoechea. La sublevación militar no tuvo lugar en Bilbao, quedando el Batallón Garellano leal al Gobierno de la República. Goicoechea era un hombre de ideas monárquicas y conservadoras, condición conocida en su entorno laboral y social, y posiblemente en los primeros meses de la guerra pudo ser observado por algunos obreros frentepopulistas de la Robla como un faccioso, lo que le haría tomar medidas para protegerse. Así, en un momento en que los militares profesionales en situación de retiro eran llamados a ponerse al servicio del Gobierno de la República para la defensa, Goicoechea se presentó en las oficinas del PNV de Bilbao ofreciéndose como asesor militar e instructor de las milicias nacionalistas vascas, conocidas como Euzko Gudarostea. Estos, en palabras de su líder, Juan Ajuriaguerra, le acogieron como a uno de los suyos, tal vez debido a que su padre, José María Goicoechea Alzuaran, ya en 1901, en vida de Sabino Arana, había abrazado el ideal *jeltzale*[57], aunque no hay constancia de que lo mantuviesen

---

El Tribunal Popular actúa

Penas de muerte contra tres individuos declarados en rebeldía

Ayer actuó el Tribunal Popular de Bilbao en una causa contra Teófilo Fernández Rodríguez, de veinticinco años, fotógrafo, natural de León. Según el fiscal, señor Iñurrategi, este individuo, que residió en Gijón y Bilbao, fué jefe de escuadra de Falange Española, teniendo a sus órdenes diez individuos. Llevando consigo una pistola marca "Star" se introdujo con fines de espionaje el 22 de junio pasado entre las tropas leales, pasando a desempeñar funciones al campo de aviación de Lamiako y más tarde a la Emisora de Bilbao, hasta que fué reconocido y descubierto por unos milicianos de Gijón.

Prestó declaración el procesado, y como no hicieron acto de presencia los testigos, el defensor, señor Ibergallartu, solicitó la suspensión de la vista. El fiscal no se opuso y el señor Espinosa accedió al aplazamiento hasta nuevo señalamiento.

—También actuó el Tribunal en la causa incoada contra el excapitán de Ingenieros Goikoetxea, el exteniente Unzueta y el exabogado fiscal Javier Medrano, quienes el día 27 del pasado mes de enero se pasaron al enemigo por las cercanías del monte Maroto. Los tres sujetos en cuestión fueron declarados en rebeldía. El señor Gomendio, que actuó de fiscal, solicitó en un razonado informe que se declarara la culpabilidad de los procesados, y el defensor, señor Ibergallartu, abogó por la absolución. El Jurado dictó veredicto de conformidad con la tesis del fiscal. Abierto el juicio de Derecho, el fiscal elevó a definitivas sus conclusiones provisionales, considerando incursos a los procesados en un delito de traición previsto y penado en el artículo 222 del Código de Justicia Militar. El defensor rebatió la tesis del fiscal e insistió en pedir la absolución de sus patrocinados.

El Jurado de Deeecho dictó sentencia condenando a los tres encausados a la pena de muerte. Luego la Sala estimó que no procedía ni la conmutación de la pena ni la revisión de la causa.

Noticia de la condena a la máxima pena a Alejandro Goicoechea y a las otras dos personas que le acompañaron en su fuga al campo rebelde. El juicio fue celebrado en rebeldía y el veredicto no tuvo ninguna consecuencia para los encausados (*Euzkadi*).

57.- *Jeltzale* significa *partidario de JEL*, acrónimo este de «Jaungoikoa eta Lege zaharra», en castellano «Dios y Ley vieja», lema fundacional del Partido nacionalista Vasco o PNV.

sus hijos, al menos de manera activa. Sin embargo, sirva como curiosidad el que Alejandro Goicoechea Homar escribiera su apellido ya en los años 20 como Omar, sin «h», para adaptarlo a la ortografía vasca entonces en boga, lo que hace suponer alguna inclinación vasquista en ello.

Transcurridos los meses y, a punto de crearse el Gobierno vasco, Goicoechea solicitó con insistencia entrar en la sección de fortificaciones. Su petición fue atendida y el 5 de octubre de 1936 fue nombrado Capitán Jefe del Negociado de Fortificaciones en la Segunda Sección de Estado Mayor de la Defensa de Vizcaya. Allí, al siguiente día, se incorporó el capitán Murga, y, en palabras de Goicoechea, ambos decidieron sabotear la obra del Cinturón Defensivo de Bilbao: «*los dos encargados de la misma, desde el primer momento sólo pensaron en la mejor forma práctica de servir la Causa Nacional*»[58].

Sin embargo, el capitán Sabino de Apraiz, que trató por esas fechas directamente con Goicoechea, es de la opinión de que este en todo momento navegó a dos aguas, primero a favor del Gobierno vasco, «*pero con el pie en el estribo... ¡por si acaso!*», y que su apuesta por los nacionales sería tardía, así que cuando se recibieron «*informes concretos sobre la ofensiva que el adversario prepara contra Bilbao (...) Goicoechea comienza a pensar en la forma de cambiar de cartas*». Esto explicaría el que cuando el capitán Murga envió al mando franquista «*una relación de militares residentes en Bilbao simpatizantes con la causa de los nacionales. En dicha relación no figuraba Goicoechea*».

Y es que casi tres semanas después de comenzar la obra del Cinturón Defensivo de Bilbao, el 28 de octubre, el capitán Murga fue detenido por actividades de espionaje, juzgado, condenado a muerte y fusilado, quedando Alejandro Goicoechea como único militar profesional al frente de la ejecución del proyecto.

Una opinión más benévola que la de Apraiz llegó a tener Jaime Urkijo, nacionalista de izquierda, quien trabajó como delineante en la oficina técnica de Goicoechea hasta diciembre de 1936, en que se incorporó al frente como oficial:

> Debo de subrayar (sic) la desconfianza y recelo con que en general eran vistos los mandos militares (...). De este ambiente, Goicoechea se lamentó varias veces, y con amargura, delante de nosotros en el curso de nuestros trabajos. (...) Para rendir justo culto a la verdad, debo decir que me cuesta creer que esta desconfianza, en su caso concreto, fuese justificada, pues en la época en que yo trabajé a sus órdenes tenía la impresión de que trabajaba con buena fe y entusiasmo. (...) Así que creo que el comienzo de Goicoechea fue sincero (...). En el planeamiento del trazado

---

58.- AGMAV, C.2585, 28 / 1-4. Loc. cit.

del Cinturón, Goicoechea demostraba todas sus simpatías por la línea que baja del Gorbea hasta Mundaka en la costa. Esta línea que, a mi juicio personal, era muy superior a la establecida posteriormente, le fue rechazada. (…) El hecho es que esta contrariedad desagradó mucho al capitán (…). Es lógico que este cúmulo de circunstancias le predispusiese a abandonar un campo donde ni su actuación ni su seguridad personal estuviesen al abrigo de intrigas y persecuciones.

Si bien Goicoechea era considerado una persona de total confianza por los nacionalistas vascos, no lo era como tal por parte de algunos frentepopulistas, o al menos por los comunistas, quienes controlaban la cartera de Obras Públicas del nuevo Gobierno de Euzkadi, de la cual dependían las instalaciones ferroviarias. De este modo, tras producirse en octubre algunos despidos de empleados de ferrocarriles considerados desleales al régimen republicano, el consejero comunista Juan Astigarrabia, el 29 de noviembre, con el asunto de Murga aún reciente, ordenó «*a la Compañía de los ferrocarriles de La Robla la inmediata separación del servicio de la misma de don Alejandro Goicoechea Omar, jefe de Material y Tracción, el cual causará baja definitiva*»[59]. Para ese momento, Goicoechea ya no prestaba servicio en La Robla, ya que había sido formalmente movilizado en el Cuerpo de Ejército de Euzkadi, no obstante lo cual, la decisión del consejero de Obras Públicas, publicada en el Diario Oficial del País Vasco, fue sin duda replicada, bien por el interesado o bien por las personas con autoridad que lo avalaban, lo cual llevó a Astigarrabia a disponer, el 3 de diciembre, que quedara «*sin efecto la orden de 29 de noviembre (…) disponiendo el cese en el servicio de don Alejandro Goicoechea Omar*»[60].

En los meses sucesivos, continuó la obra del Cinturón Defensivo de Bilbao, así como la fortificación de la primera línea del frente. Según más tarde Goicoechea declararía a los franquistas, hizo todo lo posible por retrasar la obra, construir fortificaciones deficientes y, sobre todo, dejar puntos sin fortificar, disimulados, por donde el ejército atacante pudiera más fácilmente romper el Cinturón y entrar en Bilbao. Para ello, alegó falta de materiales, prescindió de gran número de obreros y desobedeció las órdenes de su superior, el comandante -y después teniente coronel- Alberto Montaud.

Previamente a la ofensiva del general Franco contra Vizcaya, Goicoechea decidió dar el paso de cambiar de bando y pasarse al lado nacional, para lo cual estableció contacto con su convecino de Elorrio, el Sr. Unceta, marqués de Casa Jara, persona vinculada a los sublevados, con los que mantenía contactos, y que, a pesar de las sospechas de los gubernamentales sobre él, no había sido re-

---

59.- DOPV, 02-12-1936.

60.- DOPV, 05-12-1936.

cluido en atención a su estado de salud. Las misteriosas visitas de Goicoechea no pasaron desapercibidas para los servicios policiales del Gobierno de Euzkadi, hasta el punto de que pusieron el resultado de sus pesquisas en conocimiento del presidente Aguirre, quien llamó a consulta a Goicoechea. Ante el lehendakari, el ingeniero negó toda relación con los sublevados, mantuvo su promesa de lealtad al orden establecido y justificó sus visitas al marqués por motivos de simple amistad. Aguirre, al parecer, confiaba en él, y prueba de ello es que por esas fechas, el 11 de febrero de 1937, como consejero de Defensa firmó una «*Orden concediendo el reingreso en la escala activa del Ejército al capitán del Arma de Ingenieros, en situación de retirado, don Alejandro de Goicoechea Omar, durante el tiempo que dure la actual sedición, gozando de todos los emolumentos y ventajas que otorgue la situación de campaña, y con derecho, a la terminación de ésta, a continuar prestando servicio en el Ejército en la situación que por su edad le corresponda*»[61]. No obstante, cada vez el cerco se estrechaba más en torno a él.

Si bien también los franquistas podrían albergar sospechas sobre la sinceridad de Goicoechea, dada la colaboración de este con el bando republicano, esa ambigüedad se disiparía en el momento en que el ingeniero les proporcionase la información necesaria para romper el Cinturón con facilidad, es decir, en tanto les entregase la llave de Bilbao.

Así, tras los contactos preliminares facilitados por Unceta y después de una espera que se le hizo interminable, «*ya que cada vez se hacía más difícil mi situación*», Goicoechea recibió desde el bando rebelde el visto bueno para ser recibido por estos al otro lado de las líneas. A tal efecto, el 27 de febrero, habiendo ya anochecido, el capitán, acompañado del teniente de Ingenieros Jaime Unceta y del abogado Javier Medrano, se pasó por la sierra de Arlaban, zona que conocía perfectamente.

Durante las siguientes fechas, Goicoechea proporcionó al Mando nacional toda la información disponible sobre las fortificaciones de primera línea, así como de los detalles constructivos del Cinturón, del grado de implantación de la obra, y de los puntos débiles o desprotegidos dejados a propósito para facilitar la conquista.

Mientras tanto, en Bilbao, la prensa daba la noticia de la defección del hasta entonces ingeniero jefe de las fortificaciones vascas y se abría una investigación gubernamental sobre lo ocurrido. Se preparó un proceso contra Goicoechea y sus acompañantes fugados, por un delito de traición. El 21 de abril de 1937, el Tribunal Popular de Bilbao juzgó a los acusados, en rebeldía, y el jurado de

61.- DOPV, 24-02-1937.

derecho dictó sentencia condenando a los tres encausados a la pena de muerte, sentencia que lógicamente nunca fue cumplida[62].

En el Ejército nacional, Goicoechea se reintegró en el arma de Ingenieros, siendo destinado al frente de Aragón, después de la caída del Norte republicano. Así, el 26 de enero de 1938, en Burgos, el general Gil Yuste comunicaba que «*Por resolución de S. E. el Generalísimo (…) se habilita para ejercer el empleo inmediato superior al capitán de ingenieros, retirado, Don Alejandro Goicoechea Omar, del batallón de Zapadores número 6, que tiene solicitado su reingreso en el servicio activo*»[63].

Mientras tanto, no todo fue tranquilidad para la familia Goicoechea Homar, pues en su pueblo de Elorrio, dos de los hermanos fueron represaliados por las nuevas autoridades franquistas: José María, médico titular municipal movilizado por la Sanidad Militar de Euzkadi, apolítico, fue depurado y perdió definitivamente su empleo público, mientras que Manuel, farmacéutico como su padre, sufrió consejo de guerra por su actuación en la Sanidad Militar y fue condenado a 20 años de cárcel, siendo internado inicialmente en el Carmelo y después en el barco prisión Upo Mendi. Más suerte tuvo su hermano Ignacio quién, a pesar de ser miembro de la Agrupación Republicana de Elorrio, consiguió sortear el peligro.

Finalizada la guerra, Alejandro Goicoechea, ascendido a teniente coronel, continuó con sus investigaciones, tendentes ahora a crear un tren de pasajeros ligero y moderno. Así, en 1941 consiguió realizar pruebas con un prototipo de ferrocarril ligero, en la línea Madrid-Leganés, obteniendo resultados satisfactorios. Ello le posibilitó solicitar financiación para su proyecto al empresario, arquitecto e influyente político tradicionalista vizcaíno-alavés José Luis Oriol, quien, convencido de la idea, se asoció con Goicoechea, creando en 1942 la empresa «Patentes Talgo», acrónimo de Tren Articulado Ligero Goicoechea Oriol.

Paralelamente, Goicoechea participó en actividades empresariales que le proporcionarían interesantes beneficios, como fue el desmantelamiento de los fortines del Cinturón de Hierro, llevado a cabo a finales de los años 40, con el fin de reciclar la pesada ferralla de sus estructuras, en época de autarquía económica y aislamiento internacional de la España de Franco.

62.- CDMH, Fondo Santander, Tribunal Popular de Euzkadi, 11/9

63.- BOE, Burgos, 28-01-1938

Alejandro Goicoechea, luces y sombras

Sobre la defección de Goicoechea, las impresiones de particulares y sociedad en general son numerosas, aunque bastante unánimes, pero a la vez distantes.

En marzo de 1937, la revista comunista vasca *Erri* declaraba: «*El felón Alejandro de Goikoetxea ha estado fingiendo una lealtad que su alma reaccionaria y fascista no sentía. Aprovechando la primera ocasión que su cargo le brindaba, se ha pasado gozosamente al enemigo por uno de los sectores vascos. ¡Un canalla menos!... ¡Y un sentenciado más!*».

Por entonces, en palabras del diputado socialista guipuzcoano Miguel de Amilibia, «*en recordación infamante del máximo traidor, a los aviones de observación [enemigos], se les llamaba "Goicoechea"*», criticando que «*la defección más sonada fue la del ingeniero Goicoechea, a quien Aguirre había encomendado la construcción del cinturón de Bilbao (…) Aguirre mantuvo a este traidor en su puesto a pesar de las denuncias que formularon quienes en la construcción del cinturón participaban*» (Amilibia, 1978).

El propio presidente Aguirre, nacionalista vasco, en su informe al Gobierno de la República de 1937, expresó que «*Hubo, sin embargo, sucesos bien desgraciados que hemos de señalar en su justa expresión, ya que también se ha dado en hacer alguna literatura sobre ellos. Me refiero a la fuga del Comandante de Ingenieros, señor Goicoechea, acaecida un mes antes de desarrollarse la ofensiva facciosa. Su importancia fue extraordinaria, puesto que el señor Goicoechea era jefe de todo el sistema de fortificaciones, no ya sólo del `Cinturón de Bilbao´...*».

Ni siquiera ya terminada la guerra, los vencidos, sintiéndose burlados, olvidaron el acto de Goicoechea, y, así, cuando el TALGO fue una realidad y adquirió fama mundial, sus iniciales fueron trastocadas a «*Traicionó A Los Gudaris, Odiadle*», corriendo de boca en boca por las poblaciones vascas, de manera clandestina, en tiempos de la dictadura franquista. Y es que el desprecio que recibió Goicoechea por parte de sus antiguos compañeros de armas fue tal que le hizo permanecer para siempre alejado y receloso en lo tocante a su etapa al frente de las obras del Cinturón. El periodista valenciano Vicente Talón, siempre interesado por la guerra en el País Vasco, tuvo ocasión a comienzos de los años 70 de acercarse a él, coincidiendo con un coloquio hispano-marroquí en torno a la construcción de una vía que comunicase ambos lados del Estrecho de Gibraltar: «*En un momento dado, aprovechando su carácter jovial y abierto, le planteé el tema de la guerra. Su rostro se ensombreció y, aunque sin perder la compostura, me dijo que no, que `de aquello´ no deseaba hablar. Sólo añadió una cosa: `Lo que la historia pueda decir el día de mañana sobre mí no me interesa. Yo hice lo que creía que debía de hacer y no me ha remordido nunca la conciencia´*».

Como curiosidad, durante la última legislatura del socialista Felipe González al frente del Gobierno español, en 1995 y con ocasión del centenario del nacimiento de Alejandro Goicoechea, la Fábrica Nacional de Moneda y Timbre lanzó dos sellos de correos, de 30 y 60 pesetas respectivamente, con su efigie y la imagen de un TALGO. Tributo póstumo a un hombre de grandes claroscuros.

(Col. Aitor Miñambres Amezaga).

Finalmente, su sueño se hizo realidad. Tras mejorar el Talgo 0 y el Talgo I, se decidió la construcción del Talgo II. Esta se llevó a cabo en Estados Unidos, ya que en la España de posguerra no existía la posibilidad técnica de producirlo a escala industrial. De este modo, en 1950, con la presencia de Franco, tuvo lugar la inauguración del tren, con un viaje de Madrid a Valladolid, lo que la prensa del régimen calificó como «*el más alto exponente de la tecnología española*». A ese modelo le siguieron otros, siendo el Talgo Pendular muy popular en la década de los 80 en España.

Si bien Goicoechea fue un ingeniero ferroviario brillante y adelantado a su tiempo, y su diseño de tren articulado, con la evolución necesaria, pervive en la actualidad, otras de sus ideas no prosperaron, como la del Tren Vertebrado de Gran Canaria o la unión del estrecho de Gibraltar.

Alejandro Goicoechea falleció en Madrid el 30 de enero de 1984.

PABLO MURGA UGARTE

Pablo Murga Ugarte nació en Bilbao en 1901, hijo de Luis, ingeniero, y de Pascasia, hija de un tratante de vinos, los cuales tuvieron cinco hijos: Pablo, María de las Mercedes, José Ramón, María del Carmen y Maria Luisa.

Pablo se graduó como Ingeniero Radioelectricista en la Escuela de Estudios Superiores de París e ingresó, posteriormente, en el Cuerpo de Ingenieros del Ejército español el 27 de febrero de 1922, graduándose en la Academia Militar de Guadalajara el 25 de mayo de 1925 como teniente de Ingenieros[64]. Continuó su carrera militar sirviendo en África, en el Primer Regimiento de Zapadores Minadores, siendo condecorado con la Medalla Militar de Marruecos y pasador de Tetuán el 8 de marzo de 1928[65]. Posteriormente alcanzó el grado de capitán. En su hoja de servicios también figura la Cruz de primera clase del Mérito Militar.

Estación Radiotelegráfica de Bilbao, situada en el alto de Santo Domingo. Desde aquí los capitanes Pablo Murga y José Luis Soraluce intentaron, sin éxito, contactar con los sublevados al comienzo de las hostilidades (Aitor Miñambres Amezaga).

Por entonces, contrajo matrimonio con Julia Tejedor Doyague, con la que tuvo dos hijos: Pablo, futuro general de brigada procedente del arma de Ingenieros, y María Luisa. La familia fijó su residencia en Algorta (Getxo).

64.- ABC, 25-05-1925.

65.- Diario Oficial del Ministerio de la Guerra, 10-03-1928

Monumento en el cementerio de Bilbao, situado en la localidad de Derio, erigido por las autoridades franquistas en recuerdo de sus agentes fusilados. En él podemos leer los nombres de Pablo Murga, Guillermo Wakonigg, Federico Martínez Arias y José Anglada (Aitor Miñambres Amezaga).

En 1936, Pablo Murga se encontraba destinado en la Comisión de Movilización de Industrias de Bilbao, a las órdenes del teniente coronel de Artillería Timoteo Martínez de Lejarza. Militar favorable a la sublevación contra el Gobierno de la República, Murga hizo todo lo posible por que el golpe triunfase en Bilbao el 18 de julio de 1936 y, una vez perdida toda posibilidad de ello debido a la actuación del Gobierno Civil de Vizcaya, de los cuerpos de Seguridad del Estado y de la jerarquía militar leal al Gobierno, se propuso colaborar al máximo con los sublevados, distantes geográficamente.

El capitán Murga, junto con el capitán del Estado Mayor José Luis Soraluce, intentaron, desde la estación de radio de Santo Domingo (Bilbao), contactar con los rebeldes y mantener una línea de comunicación con ellos que les sirviera para el envío de información militar de interés. La iniciativa no tuvo respuesta por parte de los alzados y la situación sociopolítica del momento aconsejó aparcar la idea.

En esa tesitura, fueron requeridos los servicios del capitán Murga por parte de la Junta de Defensa de Vizcaya, orientados a la asesoría militar y a la organización del terreno para la defensa. El momento clave vino cuando Murga fue requerido para tomar parte directiva de las obras de construcción del Cinturón Defensivo de Bilbao, destino al que recibió orden de incorporarse el 6 de octubre de 1936, tal como él mismo después relataría en tercera persona en su última carta al Mando sublevado:

> ... al recibir dicha orden pensó en negarse a cumplimentarla y huir o esconderse; más considerando que su ausencia no hubiera supuesta inconveniente alguno para la ejecución de las obras, y que por otra parte desde dicho cargo podía prestar un gran servicio a la causa nacional, informando detalladamente de cuanto se ejecutase, aceptó dicho cargo[66].

Para ello, comenzadas las obras del Cinturón, Murga se puso en contacto con el comandante de Infantería José Anglada, militar del Batallón «Garellano» y favorable como él a los sublevados, pero que tampoco había sido descubierto y fingía lealtad al orden establecido. Anglada formaba parte de una red de espionaje a favor de los rebeldes, dirigida por el cónsul de Austria y de Hungría en Bilbao, Wilhelm Wakonigg, miembro del partido nazi. Siguiendo las instrucciones re-

---

66.- MMCdH, Gobierno Provisional de Euzkadi, Loc. cit.

cibidas, Pablo Murga entregó al cónsul de Paraguay, Federico Martínez Arias, en tres ocasiones, sendos informes sobre la marcha de las obras de la defensa de Bilbao, para que se los hiciera llegar al enemigo. La suerte de Wakonigg se torció el 28 de octubre, cuando se disponía a embarcar rumbo a Francia en el destructor HMS *Exmouth* y agentes de la Ertzaña le solicitaron que abriera su maletín. La información documental encontrada destapaba la gran red de espionaje tejida y, al caer esta, cayeron también sus colaboradores, entre ellos, Pablo Murga.

El proceso judicial subsiguiente se llevó por el Tribunal Popular de Bilbao en dos causas separadas dentro del mismo sumario. En la primera fue juzgado el capitán Murga y en la segunda fueron juzgados Wakonigg, Martínez Arias, Anglada y otros miembros de la organización[67].

Pablo Murga fue juzgado el 10 de noviembre, acusado de traición. Así, durante la vista, presidida por José Espinosa, se leyó la carta de presentación que Murga envió al General Jefe del Estado Mayor del Ejército del Norte nacional, fechada el 25 de octubre, en la que se declaraba «*unido de corazón al movimiento salvador de España (…) e imposibilitado en los primeros momentos de incorporarse al Ejército*», para dar paso a un informe detallado sobre el trazado del Cinturón, el estado de las fortificaciones, las fábricas de material de guerra y la recomendación de realizar ataques aéreos para impedir las labores de fortificación. Murga, defendido por el abogado monárquico Juan Migoya, no negó las acusaciones del fiscal, Miguel Gomendio, para quién:

> … estos delitos de espionaje, que pueden traer como consecuencia la derrota y la tragedia del ejército, deben ser comprendidos en el párrafo séptimo del artículo 122 del Código penal militar, entendiendo que el procesado facilitó informes al enemigo.

Así, y a tenor de las pruebas evidentes, Pablo Murga fue condenado a la máxima pena por delito de traición. Ese mismo día, Agustín Isusi, al parecer persona cercana a José Antonio Aguirre, escribía a este «*accediendo a los deseos de un familiar del interesado*» y rogándole «*la benignidad e indulgencia posibles para mitigar la pena que pueda recaer sobre D. Pablo de Murga*»[68]. Finalmente, Murga fue fusilado en el cementerio de Derio el 12 de noviembre de 1936. Su misma suerte siguieron Wakonnig, Martínez Arias y Anglada el día 19, formando parte de las 19 personas ejecutadas oficialmente en Vizcaya durante los ochos meses de gobierno autónomo.

En 1938 Franco le concedió la Medalla de Sufrimientos por la Patria a título póstumo. Posteriormente, durante el franquismo, el capitán Murga tuvo una calle con su nombre en Getxo.

67.- CDMH, Fondo Santander, Tribunal Popular de Euzkadi, 1/5

68.-AHE, Fondo Gobierno vasco Beyris, LEG 270 DOC 42 ARCH 16, 19, 270

EL JUICIO A PABLO MURGA: DECLARACIÓN DEL PROCESADO

(EXTRAÍDO DEL DIARIO *EUZKADI*, 11 DE NOVIEMBRE DE 1936)

Dijo llamarse Pablo Murga y Ugarte, de 35 años, casado, capitán de ingenieros y vecino de Algorta. Luego de exhortado por el presidente a decir la verdad, y de que lo prometió, contestó en la siguiente forma a las preguntas que se le formularon, primero por parte del fiscal:

- ¿Es cierto que se hallaba destinado en Bilbao al declararse el movimiento militar? —Sí.

- ¿Es cierto que demostró su agrado o desagrado a ese movimiento? —Sí.

- ¿Es cierto que, según hizo ver, se mantuvo absolutamente fiel al régimen, y por esa causa se le encomendaron algunos trabajos? —Es cierto.

- ¿Se le pidió por parte del enemigo informe detallado de las obras de defensa que se realizaban en Bilbao? —No, señor.

- ¿Y no remitió un informe dirigido al comandante militar de Burgos? —Sí, señor.

- Y esas cartas o informes que suministraba, ¿se las dio al cónsul de Paraguay, que las enviaba al enemigo? —Se las entregué al señor Martínez Arias, cónsul del Paraguay.

Seguidamente manifestó que no envió al campo rebelde dos informes con anterioridad al que fue sorprendido en manos del cónsul de Austria, pero que entregó dos al señor Martínez Arias con el mismo destino que los anteriores. Después, contestó a su abogado defensor:

- ¿Se le consultó su voluntad para realizar los trabajos que se le encomendaron? —No, señor.

- ¿Pertenece usted a algún partido político? —No, señor.

- ¿Quiere hablarme de sus angustias y de los motivos que le han traído a esta situación? — Soy católico y español. Sin consultarme, se me envió a trabajar a las obras de fortificación. Hablé con algunos amigos y creí que incurría en responsabilidad.

- ¿No temía usted que el enemigo podría fusilarle? - Sí, lo temía, y cuando se me presentó la ocasión de prestar esos informes, lo hice.

- ¿Fueron todos posteriores al 6 de octubre? —Sí, señor.

- ¿Obtuvo contestación del Gobierno de Burgos? —Ninguna.

- ¿Cree usted que les daban importancia? —No.

Prosiguió el fiscal:

- ¿No es cierto que usted comunicó por carta al cuartel general de los facciosos, dirigida el día 25 de octubre, que su ausencia no era inconveniente para obrar y que podía prestar otros servicios con acierto? —Sí.

- Pero usted, como militar, ¿no tiene el deber de obedecer al Gobierno legal? —Sí.

- ¿Sirvió usted lealmente en la construcción de las trincheras? —Sí.

Finalmente, uno de los miembros del Tribunal preguntó:

- Decía usted que temía que el enemigo le fusilara; y, ¿no tenía usted miedo que al ser descubierto correría esa suerte? —Sí.

VICENTE AGUIRRE GUISASOLA

Vicente Aguirre nació en Eibar (Guipúzcoa) el 5 de diciembre de 1904, descendiente de una ilustre familia de médicos de la localidad armera. Su padre, Ciriaco, médico y persona de relevancia, y su madre, Eusebia, tuvieron tres hijos: José, Vicente y Dolores.

La casa familiar estaba situada junto a la iglesia de la localidad. Allí, Vicente recibió una educación burguesa, llegando a tocar el piano de forma sobresaliente. Terminados sus estudios de bachiller, marchó a Madrid para cursar la carrera de Ingeniero de Caminos. En Madrid tomó parte en las tertulias culturales de los cafés, siendo un hombre muy polifacético, llegando a tener íntima amistad con el escritor navarro vasquista Arturo Campión.

Terminados sus estudios, y con su título de Ingeniero de Caminos y Puertos, volvió a Eibar. Eran los tiempos del fin de la dictadura de Primo de Rivera, la salida de Alfonso XIII de España y la llegada de la República. De ideas republicanas, tomó parte en actos políticos, entre ellos, un mitin republicano en Elgeta donde fue orador. Paralelamente, pasó a trabajar como ingeniero de caminos en la Diputación de Vizcaya, llevando a cabo, entre otros, el proyecto y diseño del futuro Puente de Deusto.

Vicente Aguirre –con el sombrero en la mano–, junto a su hermana Dolores, el alcalde de Eibar y las autoridades en 1935, durante la inauguración de un busto de su padre, el célebre médico eibarrés Ciriaco Aguirre (Cortesía de Mónica Aguirre).

La casa de la familia Aguirre Guisasola, desaparecida el 25 de abril de 1937, pasto de las llamas tras un bombardeo aéreo (Cortesía de Mónica Aguirre).

El 16 de enero de 1936 se casó en Eibar con Herminia Errasti, eibarresa como él, de 19 años, e hija del industrial y expelotari Joaquín Errasti. Vicente no era un hombre religioso, pero Herminia, simpatizante del PNV, era una joven muy católica. Así, la boda se celebró en el santuario de Arrate y la nueva familia se estableció en Bilbao.

Comenzada la guerra, Vicente, dada su profesión y empleo, pasó a formar parte de la plantilla de personal técnico requerido para las obras de fortificación del Cinturón Defensivo de Bilbao. En febrero de 1937 nació su primer hijo, Ciriaco. Tras la huida del capitán Goicoechea, el 27 de ese mismo mes, Vicente Aguirre pasó a desempeñar el puesto de Ingeniero Jefe de fortificaciones para las obras del Cinturón, adscrito al Estado Mayor del Cuerpo de Ejército de Euzkadi, vinculado a la consejería de Defensa.

En ese puesto, Vicente Aguirre se esforzó por poder concluir y mejorar los trabajos de fortificación dejados bajo su responsabilidad, lo cual fue meritorio si tenemos en cuenta su origen de ingeniero civil, ajeno al mundo y al concepto de las fortificaciones, aunque finalmente no lograra alcanzar todos sus propósitos.

El 25 de abril, domingo, cumpleaños de su esposa, la familia se dirigió a Eibar para la celebración. Tras observar numerosos aviones enemigos sobre la zona, se vieron obligados a dar la vuelta. Después tuvieron noticia de que la casa familiar de Eibar había quedado totalmente destruida ese día, por el incendio que sufrió al ser bombardeada la villa, previo a su caída en manos del Ejército nacional. Allí se perdió una espléndida biblioteca y mucha documentación científica y personal.

Tras la rotura del Cinturón de Hierro, y cuando la caída de Bilbao ya estaba próxima, Vicente Aguirre salió el 17 de junio hacia Santander, en servicio oficial para la Presidencia del Gobierno de Euzkadi[69]. Después, el 10 de julio salió de la capital cántabra en

---

69.- AHE, Fondo Gobierno vasco Presidencia, Secretaría General, 17.1 (57), 380.4, 17/1

avión a Francia, donde continuaría al servicio del Gobierno vasco[70]. Su esposa se quedó en Bilbao con su hijo recién nacido, apoyándose en su hermana María Pilar.

Pasado un tiempo, y desde Francia, Vicente Aguirre marchó a Argentina, donde se estableció. Desde allí buscó el modo de reunir a su familia. Así, su esposa y su hijo tomaron el barco *Principessa Giovanna* en Barcelona, el cual arribó a Buenos Aires el 17 de abril de 1940. En el país sudamericano tuvieron sus tres siguientes hijos. Durante esos años, la familia frecuentó la Casa Vasca «Laurak bat» de Buenos Aires.

En Argentina su titulación de Ingeniero no fue reconocida o no pudo ser acreditada y Vicente trabajó proyectando obras que finalmente firmaba otro ingeniero. La frustración le llevó a enfermar y, viéndose mal, decidió volver a España. Aunque Vicente tenía conocimiento de que había sido condenado por los tribunales franquistas, en rebeldía, a la pena de muerte, esperaba que para entonces esta ya habría prescrito. Así fue, y la familia llegó a Eibar en 1952, encontrando un ambiente hostil por parte de las autoridades franquistas.

Vicente falleció poco después, en 1954, y Herminia, al enviudar, se trasladó a Zaragoza con sus hijos.

Eibarreres exiliados en Argentina en el Centro Vasco de Buenos Aires, el 21 de abril de 1949. Entre ellos está el ingeniero Vicente Aguirre –quinto por la izquierda– y, acompañándolos, el célebre jurista e historiador Bonifacio Echegaray (Cortesía de Mónica Aguirre).

70.- AHE, Fondo Gobierno vasco Presidencia, Secretaría General, 19.10 (7), 385.3, 19/1

BERNARDO MESANZA RUIZ DE SALAS

Bernardo Mesanza nació en Bilbao el 10 de agosto de 1912, en el seno de una familia acomodada. Su padre, Bernardo, médico, y su madre, Mauricia, tuvieron tres hijos: Bernardo, Fernando y José Antonio.

Tras realizar sus estudios de bachiller en Bilbao, se trasladó a Madrid para estudiar ingeniería agronómica en la Escuela Especial de Madrid. Bernardo era un joven católico activo. Durante su estancia en la capital, fue asiduo practicante en la iglesia de San Ignacio de Loyola, lugar donde preferentemente oían misa los vascos en Madrid. En ese mismo sentido y, paralelamente a sus estudios de ingeniería, también se formó en la Escuela de Periodismo de *El Debate*, fundada por el periodista católico y conservador Ángel Herrera Oria, quien posteriormente llegaría a ser cardenal.

En junio de 1936, Bernardo Mesanza obtuvo su título de Ingeniero Agrónomo, así como el de periodista. Tenía pendiente de cumplir el servicio militar, habiendo disfrutado de la correspondiente prórroga de estudios que vencía en septiembre de ese año. Así, retornó al País Vasco, a la casa familiar de Algorta (Getxo), zona residencial de Vizcaya junto al mar, para pasar sus vacaciones de verano. Allí, el 18 de julio, le sorprendió el comienzo de la guerra.

Transcurridos los primeros meses, en octubre de 1936, los jóvenes de su edad –reemplazos de 1932 a 1935- fueron movilizados por el Gobierno de Euzkadi. Por su parte, Bernardo, como ingeniero agrónomo civil, pasó a prestar servicio ese mismo mes en el Negociado de Fortificaciones, como encargado de las obras de construcción del Cinturón Defensivo de Bilbao en el sector de Fika-Gamiz.

Bernardo Mesanza, cuando era alférez de Ingenieros en el Ejército nacional en el Frente de Aragón (Cortesía de la Familia Mesanza).

Allí sirvió hasta el 19 de marzo de 1937, fecha en la que le fue comunicado su cese por parte de su superior, Vicente Aguirre, al igual que a su amigo, el ingeniero de minas Juan María Gondra Lazurtegui, responsable del sector de Lauro en Loiu, a quien conocía desde los años 20. El motivo fue que, tras la fuga de Alejandro Goicoechea, la Dirección General de Seguridad del Gobierno vasco inició una investigación, recibiendo confidencias que le llevaron a considerar desafectos al régimen a Gondra, quien no se recataba en «*afirmar con seguridad que Franco entrará en Madrid*» y a Mesanza, al parecer por su gran amistad con el anterior. Ello llevó a la consejería de Defensa a disponer que fueran dados de baja en la sección de fortificaciones y que pasaran «*a prestar sus servicios militares en la unidad que corresponda, aquellos que se hallen afectos por las quintas movilizadas*»[71].

71.- MMCdH, Fortificaciones, Fondo familia Mesanza.

Así, Juan María Gondra, nacido el 30 de noviembre de 1913, fue alistado y enviado al batallón de Montaña n.º 2, precisamente una de las unidades destinadas a la guarnición del Cinturón en las semanas previas a la rotura. Una vez caída Bilbao en poder de los franquistas, Gondra, perteneciente a una importante familia derechista de once hermanos integrada en el nuevo régimen, combatió en el Ejército nacional, regresando enfermo de la guerra. Recibió la Medalla de Hierro de la Villa de Bilbao, creada para premiar a los bilbaínos colaboradores con la causa franquista en tiempo de guerra, y su hermana Pilar la medalla de bronce. Soltero, falleció en Bilbao el 2 de abril de 1941.

Bernardo Mesanza – a la derecha, con los brazos cruzados- sirvió en una unidad de transmisiones durante la ofensiva franquista de Aragón, llegando a Lérida en abril de 1938. Terminó la guerra como teniente (Cortesía de la Familia Mesanza).

Por su parte, Bernardo, al igual que su hermano Fernando, fue incorporado a filas en el Ejército nacional, y pasó, como alférez provisional, a servir en una unidad de transmisiones en el frente de Aragón, ascendiendo a teniente, grado con el que se licenció una vez finalizada la guerra.

Vuelto a la vida civil, en 1940 logró por concurso el puesto de Ingeniero Director

Juan María Gondra junto a su hermana en la estación del Norte de Madrid, al final de la guerra, cuando ya era teniente. Fallecería dos años después, en 1941 (Foto cortesía de la Familia Gondra).

Página anterior, abajo. Tras el franquismo, Bernardo Mesanza llevó a cabo una actividad cultural vasca dilatada que le llevó a formar parte de entidades prestigiosas y a tratar con personalidades de renombre. En la imagen, –a la derecha– durante un encuentro con el lehendakari Jesús María Leizaola –a la izquierda– (Cortesía de la Familia Mesanza).

de Agricultura y Ganadería de la Diputación Foral de Álava, se doctoró en ingeniería agronómica y se casó en abril de 1949 con María Gloria Aranzabal, con la que tuvo once hijos. En los años sucesivos desarrolló una incansable labor profesional agraria y forestal, para instituciones y empresas, siendo autor además de unos 2000 artículos de prensa. En 1977 recibió la medalla de Caballero de la Orden del Mérito Agrícola de Francia. Fue miembro de la Real Sociedad Vascongada de Amigos del País, del Instituto Americano de Estudios Vascos, de la Sociedad de Estudios Vascos y de la Asociación Gerediaga.

Aunque se caracterizó por su independencia política, Bernardo Mesanza mantuvo relación con históricas personalidades del nacionalismo vasco, como el dirigente del PNV Juan de Ajuriaguerra, el exministro de Justicia de la República Manuel Irujo o el sacerdote y diplomático Alberto Onaindia; o de la cultura, como el sacerdote y antropólogo José Miguel Barandiaran. Como impulsor de la cultura vasca, coparticipó en la creación de las primeras ikastolas –escuelas en lengua vasca– de Vizcaya en los años 70.

Falleció en Getxo el 16 de septiembre de 2004.

LOS PRESOS EN LOS TRABAJOS DE FORTIFICACIÓN

Tras el fracaso de la sublevación, en Guipúzcoa y en Vizcaya fueron detenidas numerosas personas que, o bien por su ideología y por su actitud se las suponía en connivencia con la conspiración contra la República, o bien habían tomado parte abierta en la organización y ejecución del golpe.

Tras la caída de San Sebastián, todos los hombres presos fueron concentrados en tres barcos prisión fondeados en la ría de Bilbao: el *Altuna Mendi* en Erandio; y el *Aranzazu Mendi* y el *Cabo Quilates* en Barakaldo. El día 25 de septiembre de 1936, tras un bombardeo sobre Bilbao, extremistas incontrolados asaltaron dos de esos barcos asesinando a 64 presos, lo que se repitió el 2 de octubre con otros 50 muertos.

Creado el Gobierno de Euzkadi, las mujeres presas fueron puestas en libertad y los 2500 hombres de los barcos prisión fueron trasladados a la zona penitenciaria de Santutxu, creada para alojar adecuadamente a los presos y formada por cuatro centros: la cárcel de Larrinaga, la Casa Galera, el colegio de Los Ángeles Custodios y el convento de El Carmelo. Un nuevo bombardeo aéreo sobre Bilbao, el 4 de enero de 1937, llevó a una muchedumbre a asaltar estas cárceles, asesinando a otras 228 personas, ante el fracaso del Gobierno vasco por evitar la matanza, consumada muy a su pesar, lo que supuso un estigma en su gestión.

Controlada la situación y, puestos los medios para prevenir nuevos incidentes, el conjunto de centros penitenciarios se mantuvo. Los tribunales populares juzgaron a varias personas y condenaron a 19 a la máxima pena, quedando muchos de los reclusos absueltos, pero en calidad de presos gubernativos dada su cercanía a los sublevados.

Con el comienzo de la ofensiva, las actividades de fortificación se intensificaron, siendo necesario el concurso del máximo de brazos posible. Los prisioneros de guerra y presos civiles comprendidos entre los 20 y 28 años fueron incorporados al Cuerpo Disciplinario, unidad donde penaban los milicianos vascos condenados por mal comportamiento. Por su parte, los hombres de entre 45 y 55 años fueron destinados a trabajos de fortificación de retaguardia, en el Cinturón Defensivo de Bilbao.

Penados extrayendo arena de playa para rellenar sacos terreros (Ilustración de E. Lagarde).

Presos de la cárcel de Larrinaga liberados por el Gobierno vasco la noche del 18 de junio de 1937, tras alcanzar las posiciones de la I Brigada de Navarra. Entre ellos, de izquierda a derecha, arriba: Pepín Valdés (3º), José Jesús Gaytán de Ayala (5º), José Manuel Escauriaza (7º); y abajo: Estanislao Escauriaza (3º) (Handaburu).

La movilización afectó al menos a 950 presos: 600 de Larrinaga y 350 de El Carmelo. La incorporación a las labores de fortificación fue gradual, desde el 19 de abril en adelante. Las expediciones desde cada centro se hicieron por el orden alfabético de los apellidos de los reclusos. Estos eran trasladados, llevando consigo su colchón, su petate y su manta en bandolera, en tren o camiones, hasta el nuevo alojamiento dispuesto. De ahí marchaban cada día a pie a la zona a fortificar.

Los grupos de trabajo constaban de 50 personas al mando de un capataz, quien también era un preso que se prestaba a ejercer tal función, como fue el caso del donostiarra Federico Carasa. La vigilancia de los reclusos la llevaban a cabo agentes del Cuerpo de Carabineros y el trato podía ser desde áspero a indiferente. Los presos trabajaban en pareja, cavando trincheras, uno avanzando con el pico y otro retirando la tierra de la zanja con la pala. Cuatro grupos de trabajo completaban una brigada de fortificación que rendía cuentas al ingeniero jefe del sector. La jornada era de ocho horas al día, a lo que cabría sumar el itinerario a pie de una o dos horas desde el alojamiento de estos trabajadores forzados. La alimentación era mejor que la de la cárcel, comiendo el mismo rancho que los combatientes vascos, pero sin la ración de vino (Carasa, 1938).

La primera expedición, formada por 300 presos de Larrinaga, fue alojada en el colegio de Usansolo (Galdakao) y, durante la segunda quincena de abril y la segunda de mayo, construyeron trincheras en el monte Upo. El trabajo fue considerado liviano por los propios presos, más preocupados por la presencia cercana de dos batallones asturianos que podrían ejercer algún tipo de violencia sobre ellos.

Una segunda expedición, a mediados de mayo, con 300 presos de Larrinaga y 350 de El Carmelo, fue alojada en el asilo Elorduy de Barrika y fue destinada a fortificar el monte Unbe y la zona de Artebakarra. Así, construyeron trincheras, nidos de ametralladora y refugios, a veces bajo el fuego de la artillería y de la aviación nacional. Esta labor terminó el 13 de junio de 1937, tras la rotura del Cinturón.

Algunos presos, pocos, intentaron fugarse. Tal es el caso del riojano Juan Gómez Acebo, que aprovechando un ataque aéreo en Upo consiguió evadirse, aunque fue capturado dos días después en Bedia, perdido, mojado y delatado. Afortunadamente para él, el hecho no le trajo más consecuencia que una noche en una celda de aislamiento de comisaría (Gómez Acebo, 1938).

A la totalidad de estos presos la libertad les llegaría poco más tarde. El Gobierno vasco no tenía intención de evacuar a estas personas a Santander, por no poder garantizar allí su integridad física. Así, la noche de 18 de junio de 1937, previa a la caída de Bilbao, gudaris vascos sacaron a los presos de las cárceles y los pusieron a salvo en manos de los franquistas en Santo Domingo. Por su parte, los 950 presos empleados en fortificaciones fueron agrupados y enviados a la comarca de Las Encartaciones. Perdida Vizcaya, todos ellos fueron puestos en libertad por el Gobierno vasco el 28 de junio de 1937.

Presos derechistas destinados a las fortificaciones son puestos en libertad por las tropas vascas en Las Encartaciones, a finales de junio de 1937. Vuelven a casa con sus mantas en bandolera y sus utensilios de campaña (Col. Aitor Miñambres Amezaga).

LAS MUJERES EN LOS TRABAJOS DE FORTIFICACIÓN

Cartel llamando a las mujeres vascas a dedicar el día semanal de descanso a los trabajos de fortificación (Ministerio de Cultura).

Iniciada la ofensiva del general Mola contra Vizcaya, el 31 de marzo de 1937, la amenaza sobre Bilbao volvió a estar muy presente y se intensificaron las obras del Cinturón Defensivo, así como en la primera línea del frente que ahora retrocedía.

Se vio la posibilidad de construir a su vez un segundo cinturón defensivo, dentro del anterior e inmediato a Bilbao, cuya ejecución fue encargada en abril de 1937 al Departamento de Obras Públicas del gobierno vasco. Los trabajos de fortificación comenzaron a llevarse a cabo con un llamamiento masivo al voluntariado, que encontró importante eco entre las mujeres, principalmente izquierdistas. El poder realizar un trabajo hasta entonces reservado a los hombres les dio la oportunidad de demostrar su competencia, lo que en un principio no siempre fue tomado en serio y dio lugar a burlas.

Papel cambiado. Mientras muchos hombres realizaban cómodas tareas de oficina, mujeres voluntarias llevaban a cabo ingratos trabajos de fortificación (*Mujeres*).

La revista *Mujeres*, órgano del comité de mujeres contra la guerra y el fascismo, que representaba a las mujeres de las formaciones políticas y sindicales del Frente Popular, mantuvo una campaña para que las mujeres antifascistas constituyesen brigadas femeninas de fortificación o al menos sacrificaran su día de descanso para acudir a las alturas inmediatas a Bilbao y cavar trincheras, con lo que en la villa fue frecuente encontrar a las jóvenes, algunas incluso con su vestido de domingo, integradas en las columnas de voluntarios que subían a Artxanda a fortificar. Esta revista, en su portada del 28 de mayo, recogía el eslogan «*Domingos y horas libres ¡A fortificar!*» indicando en su editorial:

Papel cambiado

A pesar de la incomprensión de muchos, a pesar de las sonrisas escépticas de los pesimistas, a pesar de los ultrajes dirigidos contra nuestras compañeras, las valientes brigadieres de fortificación, centenares de mujeres bilbaínas y millares de mujeres de los

pueblos vecinos, rasgan la tierra de las lomas euzkeldunes, manejan la pala, el pico y el cesto. Preparan la defensa de Bilbao y, al mismo tiempo, permiten a muchos hombres jóvenes ir al frente que, sin ayuda de ellas, hubieran sido destinados a trabajos de fortificación.

Mujeres y hombres, durante una jornada dominical, cavando trincheras en las alturas inmediatas a Bilbao (Fotograma de *Guernika*, de Nemesio Sobrevila).

La misma revista, en su número del 5 de junio y bajo el título *Papel cambiado*, mostraba una caricatura que contraponía la imagen de dos mujeres con mono trabajando en fortificar, frente a dos hombres trajeados sentados ante una máquina de escribir. Así mismo, en un artículo titulado *La evacuación de las mujeres jóvenes*, expresaba que «*para las que defendemos la emancipación de la mujer, no nos puede parecer moralmente aceptable la evacuación de mujeres jóvenes, fuertes, que están en condiciones de prestar a la causa antifascista su cooperación activa*» refiriéndose entre otras cosas a «*realizar los trabajos menos duros de fortificación*».

Dentro de la dinámica de la guerra y de la necesidad de encontrar ejemplos a seguir, fue entrevistado el teniente «Petaca», responsable de las fortificaciones de Artxanda y con fama de duro capataz:

–¿Qué le parecen nuestras fortificadoras? Estoy encantado; son muy trabajadoras. Conscientes de la importancia del trabajo que realizan, ponen en él todo su esfuerzo, toda su voluntad de mujeres antifascistas… Magnífico ejemplo para los emboscados que aún no han acudido a nuestros llamamientos. (…)

– ¿Resistencia física y moral? No lo duden, la tienen y en grado muy elevado al de muchos hombres. Están demostrando que no todas las mujeres son como algunos se las figuran. Físicamente tienen una resistencia maravillosa; horas y horas trabajando, y no descansan. Más de 40 muchachas han solicitado ingreso en un batallón de zapadores minadores. Si de mí dependiese, es indudable que se lo concedería; vale más llevar 40 mujeres trabajadoras y valientes, que 80 hombres miedosos.

Más allá de las consideraciones propagandísticas, el trabajo de las mujeres adquirió gran popularidad. El propio Robert Capa, que cubrió el frente vasco en mayo de 1937, las fotografió en el cruce de Santo Domingo. Así mismo, el documental *Guernika*, del cineasta Nemesio Sobrevila, mostraba a las mujeres cavando trincheras briosamente, en un film que denunciaba ante la opinión pública internacional el ataque aéreo a las poblaciones civiles y la voluntad de defensa de los vascos:

> … hasta las mujeres construyeron trincheras para defender a sus hermanos, maridos, novios… trincheras que, ante los gigan-

La filmografía recogió el gesto de estas mujeres que tomaban parte en las obras defensivas en torno a Bilbao (Fotograma de *Guernika*, de Nemesio Sobrevila).

tescos medios de destrucción acumulados por los enemigos, han sido más bien tumba de los mismos.

Bastantes de estas mujeres trabajaron a tiempo completo en las obras de fortificación. Sin embargo, la pretendida igualdad distaba bastante se ser perfecta, tal como lo atestigua la nómina de junio de 1937 que nos ha llegado hasta la actualidad: mientras que los hombres con categoría de peones cobraban 10 pesetas al día, las mujeres obreras cobraban sólo 6 pesetas, o sea, el mismo salario que los hombres con categoría de pinche.

Roto el Cinturón de Hierro el 12 de junio de 1937, los batallones vascos resistieron una semana más en estas trincheras y fortificaciones construidas en torno a Bilbao, a fin de poder procederse a la evacuación de unas 200 000 personas que abandonaron la villa en las fechas siguientes. Por ello, no cabe duda de que la aportación de estas mujeres, aunque tardía, resultó grandemente beneficiosa para la defensa.

Trincheras en torno a la ermita de San Roque en Artxanda. Estas fortificaciones fueron de enorme valor cuando los batallones vascos hubieron de resistir durante una semana a las puertas de Bilbao, dando tiempo a la evacuación de 200 000 personas (I. Ojanguren, Gure Gipuzkoa).

El teniente Paco Bello, apodado «Petaca», capataz de las obras del Cinturón de la Muerte a las órdenes del comandante Manuel Eguidazu, elogió la actitud de las mujeres que formaban parte de las brigadas de fortificación (Erri).

INDALECIO OJANGUREN:
FOTÓGRAFO DE PAZ EN TIEMPO DE GUERRA

Las imágenes del Cinturón de Hierro anteriores a la rotura son escasas, por no decir nulas, ya que en todo caso se corresponden con momentos de la construcción, sin que en ellas se puedan apreciar las características de las fortificaciones.

Con posterioridad a los combates de los días 11 y 12 de junio, los reporteros gráficos que acompañaban al Ejército franquista en su avance, tomaron numerosas fotografías e incluso realizaron algunas cortas filmaciones con fines de prensa y propaganda.

Sin embargo, la gran mayoría de imágenes del Cinturón Defensivo de Bilbao, en concreto 127, así como otras 59 de otras fortificaciones vascas del frente exterior o del Cinturón Inmediato a Bilbao, se las debemos al gran fotógrafo eibarrés Indalecio Ojanguren (1887-1972).

Ojanguren, inicialmente armero de profesión, pero montañero y fotógrafo de afición, ascendió a todos los montes vascos acompañado de su cámara de fotos, especializándose en la fotografía paisajista, para más adelante abrir su propio estudio fotográfico y dedicarse profesionalmente al arte de la imagen en todos los ámbitos.

Indalecio Ojanguren, fotografiado en 1943 (Gure Gipuzkoa).

Tras la caída de Bilbao, y por su condición de miembro del Partido Nacionalista Vasco, tuvo que hacer frente a una fuerte multa por parte de las nuevas autoridades franquistas, satisfecha la cual se le permitió trabajar nuevamente como fotógrafo.

Por entonces, el nuevo Ayuntamiento de Bilbao propuso *«la conservación del Cinturón de Hierro con fines turísticos y la creación del Museo de la Guerra (...) con fines turísticos»*, iniciativa a la que se sumó la Diputación de Vizcaya. Con vistas a su promoción, decidieron editar dos series de doce tarjetas postales cada una, empleando fotos escogidas de las fortificaciones, para lo cual contrataron los servicios de Ojanguren. Las postales vieron la luz, siendo actualmente sus librillos piezas de colección, pero, sin embargo, el interés por el Cinturón fue decayendo y el Museo no llegó a crearse.

Astroca (Larrabezúa). Nidos de ametralladora.   *Pedidos: Foto Ojanguren - Eibar.*

A lo largo de su vida, Ojanguren trabajó para más de una veintena de diarios y revistas; realizó siete veces el ascenso a «Los Cien Montes» del País Vasco, lo que le valió numerosos galardones; y tomó más de 8000 fotografías, de gentes y de lugares, actualmente conservadas en el Archivo General de Gipuzkoa, al alcance de las personas interesadas en conocerlas.

Indalecio Ojanguren, ante todo, fue un fotógrafo de paz en tiempo de guerra.

Postal de la primera serie para el Museo de la Guerra (Col. Aitor Miñambres Amezaga).

BIBLIOGRAFÍA

• Aguirre, José Antonio. *De Guernica a Nueva York pasando por Berlín*. Axular, San Juan de Luz, 1976.

• Aguirre, José Antonio. *El informe del presidente Aguirre al Gobierno de la República*. La Gran Enciclopedia Vasca, Bilbao, 1978.

• Amilibia, Miguel. *Los batallones de Euskadi*. Txertoa, San Sebastián, 1978.

• Bartolomé, José. *La fortificación de Campaña en la Defensiva*. El Castellano, Burgos,1933.

• Beistegi, Juan por Miñambres, Aitor. *366 días de combate por Euzkadi*. Sabino Arana Fundazioa, Bilbao, 2021.

• Beldarrain, Pablo. *Historia crítica de la Guerra en Euskadi (1936-37)*. Intxorta 1937 Kultur Elkartea, Oñati, 2012.

• Capdevila, Juan. *La Fortificación de Campaña*. Sindicato de la industria de la edificación, madera y decoración, Barcelona, 1938.

• Carasa, Federico. *Presos de los rojo-separatistas*. Senén Martín, Ávila, 1938.

• Casado, Timoteo. *Memorias de un gudari republicano*. Pamiela, Pamplona-Iruña, 2012.

• Ciutat, Francisco. *Relatos y reflexiones de la Guerra de España 1936-1939*. Forma, Madrid, 1978.

• El Tebib Arrumi. *La conquista de Vizcaya*. Santarén, Valladolid, 1938.

• Elosegi, Joseba. *Quiero morir por algo*. Anai Artea, Burdeos, 1971.

• Gámir, Mariano. *De mis memorias. Guerra de España 1936-1939*. Estrella, París, 1939.

• Gómez Acebo, Juan. *La vida en las cárceles de Euzkadi*. Icharopena, Zarauz, 1938.

• Gómez Aparicio, Pedro. *¡A Bilbao!* Frieto, Granada, 1937.

• González, Óscar; Sagarra, Pablo; y Molina, Lucas. *Vizcaya en guerra*. Galland Books, Valladolid, 2017.

• Gorritxo, Francisco. *No busqué el exilio. Semblanzas de una vida*. Intxorta 1937 Kultur Elkartea, Oñati, 2011.

• Jiménez de Aberasturi, Luis María y Juan Carlos. *La Guerra en Euskadi*. Plaza & Janés, Barcelona, 1978.

• Koltsov, Mijaíl. *Diario de la guerra de España*. Planeta, Barcelona, 2009.

• Lamas, Ángel. *Unos… y… otros…* Luis de Caralt, Barcelona, 1972.

• Lopategui, José Ignacio. *Aita Patxi. Testimonio. En la guerra*. Gráficas Bilbao, Bilbao, 1978.

• Miñambres, Aitor. *El Cinturón de Hierro*. Lankidetzan, Astigarraga, 2017.

• Miñambres, Aitor. *Las Encartaciones, frente de guerra en Enkarterri 1937*. Museo de Las Encartaciones, Bilbao, 2017.

• Sanjuán, Antonio. *¿Por qué la tragedia de 1936?* Mediterráneo, Madrid, 1974.

• Steer, George L. *El árbol de Guernica*. Gudari, Caracas, 1963.

• Talón, Vicente. *Memoria de la Guerra de Euzkadi*. Plaza & Janés, Barcelona, 1988.

• Urkijo, Jaime. *Diario de un gudari en el frente de Euskadi*. Intxorta 1937 Kultur Elkartea, Oñati, 2014.

• Diarios de época: «Eguna», «El Adelantado», «El Liberal», «Erri», «Euzkadi», «Euzkadi Roja», «La Gaceta del Norte», «La Tarde», «La Voz de España».

• Revistas de época: «Creación», «El pionero», «Fotos», «Gudari», «L'Illustration», «La Tribuna Illustrata», «Mujeres», «Mundo Gráfico», «Vértice».

ÍNDICE